AF599171

GRAFFITI

POESÍA

HUERGA & FIERRO EDITORES

HUERGA Y FIERRO EDITORES, S. L. U.
C/ SEBASTIÁN HERRERA, 9
28012 MADRID (ESPAÑA)
TELÉFONO: 91 467 63 61
E. MAIL: huerga@huergayfierro.com
WEB: www.huergayfierro.com

PRIMERA EDICIÓN
2024

DISEÑO DE ÁNGEL LUIS VIGARAY

DEPÓSITO LEGAL: M-11165-2024 — I. S. B. N: 978-84-128640-4-5
IMPRESO EN ROMADAC Industria del Libro.
IMPRESO EN ESPAÑA

MUJER INCÓMODA

Silvia Cuevas-Morales

MUJER INCÓMODA

SILVIA CUEVAS-MORALES

GRAFFITI

HUERGA & FIERRO EDITORES

A mis amigas que me apoyaron en los momentos más difíciles de la pandemia: Georgia Tzanakos, Chris Brophy y Yolanda Ordóñez.

A la enorme poeta, amiga y guionista que me enseñó a perdonarme y me alentó con mi escritura, Malú Urriola.

Y a mi familia más cercana, Ximena Cuevas y Elvira Siurana.

I. EL DOLOR DEL MUNDO

Maldigo la poesía concebida como un lujo
cultural por los neutrales
que, lavándose las manos, se desentienden y evaden.
Maldigo la poesía de quien no toma partido hasta mancharse.
Hago mías las faltas. Siento en mí a cuantos sufren
y canto respirando.
Canto, y canto, y cantando más allá de mis penas
personales, me ensancho.

GABRIEL CELAYA

MINUTO DE SILENCIO

Por las víctimas desvalijadas
por los bancos,
desahuciadas por los gobiernos.

Por todas las mujeres asesinadas
por aquellos —que alguna vez—
prometieron amor y respeto.

Por las ancianas calcinadas por braseros,
por los Aylan del Mediterráneo,
por los niños tiroteados bajo muros infames.

Por las víctimas del franquismo,
por los valientes que les plantaron cara,
por los que aún buscan sus huesos.

Por ellos y por ellas sí guardo
un respetuoso y sentido,
minuto de silencio.

DEMORA DEL OLVIDO

Cuánto tarda en secarse en el rostro de una madre,
el llanto desgarrado que brota en la garganta
cuando las balas nutren con sangre los olivos.

Cuántos relojes rotos destierran al olvido
los abuelos sin fuerzas, el hogar arrasado,
los pequeños sepulcros, las heridas abiertas.

Cuánta prensa amarilla para desviar la vista,
y hacer oídos sordos cuando la infancia llora,
privada de sus alas como gorrión en jaula.

Cuántos sueños truncados, cuántas humillaciones
se mecen en el aire como rojos pañuelos.
Rehenes de una valla de afiladas cuchillas.

Cuántas lágrimas para poder borrar el miedo,
de la mirada ausente cuando se sobrevive,
aferrada a una tabla, rodeada de muertos.

Cuánto tiempo se tarda en compartir la noticia,
en postear la foto, firmar la petición.
Cuánto tiempo perdura la rabia y el mea culpa,
en la desmemoria del olvido.

¿QUÉ SE SIENTE?

Qué se siente cuando las paredes de tu hogar
se derrumban sobre tus hijos e hijas.
Cuando tus sueños y recuerdos
se hunden entre escombros y sangre.
Cuando las calles por las que algún día caminaste
se quedan desiertas y el único sonido
es el llanto inútil de los muertos.

Qué se siente cuando el silencio arrasa
engullendo las risas de antaño.
Cuando lo único que se escucha
son alaridos aislados de impotencia.
Cuando las fronteras se cierran
y miles de muertos vivientes se desplazan,
agotados por el cansancio
y el peso de la indiferencia.

Qué se siente cuando tu ciudad
es una tumba abierta,
en manos de saqueadores de riquezas.
Cuando tus fosas nasales se llenan de pólvora,
y los miembros amputados
se desperdigan por las aceras.

Te has parado a pensar qué siente una madre
cuando sale del mar con el cuerpo entumecido,
los dientes apretados, la mirada extraviada
y el cuerpo de un bebé muerto entre sus brazos.
¿Qué se siente?

"LAS PERRERAS" DE MR. TRUMP

¿Cómo hacer las paces con el sueño
cuando al otro lado del planeta,
la inocencia llora desolada en una jaula?
Menores separados de sus familias
tras infiltrarse en los muros de la vergüenza.

El hambre, los adioses,
los sueños cercenados por la avaricia
de los mismos que los explotan.

El llanto que humedece las alambradas
de un futuro incierto y cruel.
Los diminutos cuerpos que tiemblan
bajo mantas térmicas,
hacinados como ganado,
asfixiados en corrales con cadenas.

¿Cómo liberarme de esta impotencia
atrapada en mi garganta,
de estos cuchillos que rasgan mis entrañas,
de esta furia que asfixia el alma?
¿Cómo mirarme en el espejo
y no sentir vergüenza de formar parte
de esta tan "civilizada" raza humana?

JAQUE MATE

Atrapada
como un canario en su jaula,
un pez en la red,
un insecto en la telaraña.

Maniatada,
amordazada,
con la vista nublada
y la piel encabritada.

Esperando ansiosa
el sonido del cerrojo
para echar a correr...

INVIERNO EN KATSIKAS*

Hace tanto frío,
que los pájaros se desprenden
como hojas muertas
desde los árboles.

Las lágrimas quedan suspendidas,
atrapadas en un limbo gélido,
en las pestañas de una niña
que ya ha perdido la inocencia.

Hace tanto frío
que el alma se entumece,
mientras en los despachos del poder
sonríen satisfechos de sus tratados
y declaraciones de intenciones.

En Katsikas, el frío no cesa.
Cientos de personas claman justicia
bajo un espeso manto de nieve,
que agarrota sus miembros
y congela sus esperanzas.

A salvo en tu hogar de clase media
enciendes la calefacción con algo de pudor.
Presionas el botón del mando
y apagas el televisor.

* Campo de refugiados en Grecia.

CUANDO LA NOCHE

Cuando la noche nos atraviesa como un puñal
y la luna aúlla en la distancia,
a veces me quedo muda ante tanto espanto.
Y no basta un poema,
no basta el grito en la nada,
no basta el abrazo solidario,
no bastan las manifestaciones,
ni las pancartas
ni las denuncias
ni las leyes que quedan
en papel mojado.

En vez de avanzar vamos reculando.
La piel se nos va endureciendo de falsedades,
un clamor de piedra nos obnubila la vista,
y las estrellas hacen nido cual arañas
en nuestro enmarañado cabello.

Nuestros puños, impotentes,
hincan como colmillos sus uñas
hasta hacernos sangrar.
Y a veces dan ganas de cerrar la puerta,
apagar la luz,
vestirse con una camisa de fuerza,
dar la espalda al horror
y morirnos de asco en una celda.

SIRIA

De nada sirve
escapar de las agujas de la realidad,
coserse los párpados,
levitar en la penumbra,
entregarse a la ceguera.

De nada sirve no ver el mar
y sus cadáveres flotantes,
no ver nada, sólo sentir
el gélido tacto de las púas envenenadas,
el filo cortante de las piedras.

De nada sirve ahogarse en la culpa,
desmenuzarse el cerebro
en busca de explicaciones lógicas.
Buscar el camino a tientas
sin poder retroceder sobre nuestras huellas.

De nada sirve apartar la mirada por unos días.
Extraviarse en el vacío,
rendirse a los brazos del silencio,
para luego abrir los ojos y constatar
que nada ha cambiado.
Tras una década de guerra
—el horror no cesa—.

¡CÓMO MIERDA!

Cómo mierda escribir poemas
cuando a nuestro alrededor crece la podredumbre,
la hipocresía campa a sus anchas
y la sangre inocente inunda las aceras.
Nos manipulan terroristas de guante blanco,
que nos abocan a interminables guerras,
y no somos más que hormigas
con el corazón en la mano,
enredados en sus hilos como marionetas.

Cómo mierda escribir en verso,
cuando quisiera gritar y abrirme el pecho,
para que por fin salga toda la rabia y la impotencia,
de pertenecer a este mundo vendido por mercaderes
y tanta gente sin conciencia.

¡Cómo mierda escribir poemas
y no asfixiarme y vomitar
ante la crueldad de esta Unión Europea!

PERDÓN

A Bisan Owda
y a los más de 100 periodistas asesinados en Gaza.

Pido perdón por ser incapaz de impedir la masacre.
Perdón por ser tan solo una diminuta alma solidaria
que sigue tus pasos entre los escombros
y la sangre derramada de las y los inocentes.

Te pido perdón con el alma encogida.
Con los puños apretados.
Con lágrimas de vergüenza
por no poder parar este genocidio,
por ser parte de esta sociedad hipócrita
y malvada que sigue mirando hacia otro lado.

Te pido perdón a ti y a tu pueblo.
Como ciudadana del mundo
que algo sabe de botas militares,
de tanques y aviones que destruyen sueños
y siembran las calles de muerte.

Perdóname, Bisan
Perdónanos, si puedes…

II. ME DUELE ESPAÑA

Oficio de poeta.
Menos mal.
Así, en vez de castigarme a ciegas
con el pasado
y de llorar a solas
puedo sentarme frente a una máquina tan gris como el ambiente
mover los dedos rápido
y decir que todo es una mierda.
Ana María Rodas

ÉTICA PATÉTICA

En tiempos de incertidumbre y miedo
me niego a tragarme la ética.
Prefiero comer mierda
que lamer la suela del amo.
Me niego a callar las verdades.
Me niego rotundamente a silenciar,
las voces humilladas y asesinadas
alrededor del planeta.
Comprendo que hay que vivir.
Pagar la hipoteca,
los préstamos a usureros,
el alquiler para no quedar sin techo.
Alimentar a hijos e hijas,
sufragar la residencia de los abuelos.

¿Pero dónde se sitúa el límite
entre la ética y el miedo?

LEY MORDAZA

Me exigen identificarme
mientras *tú* puedes golpearme
con la porra,
con tu prepotencia,
con tu saña.

Me dicen que no puedo escribirlo
ni versificarlo,
ni cantarlo en canciones,
mientras *tú* puedes cogerme del pelo,
llamarme zorra,
romper mi cámara
y pisotear mi móvil,
para que tu barbarie
no conste en ningún lado.

Me dicen que no podré congregarme
delante del congreso,
ni manifestar mi derecho
a la libertad de expresión,
ni ocupar edificios vacíos,
ni impedir que a la gente la echen de sus hogares,
sólo me permitirán morir en la calle.

Me dicen que no podré escribir contra España,
sólo podré hacerlo contra países latinoamericanos.
Y yo me pregunto asqueada
¿hasta cuándo seguiremos
atragantándonos con la famosa mentira
de vivir en una democracia?

BURROCRACIA

Esperamos con resignación.
Apretamos los dientes para no morder.
Nos mordisqueamos los labios para no gritar
mientras escuchamos sus risas,
su parloteo incesante a la hora del café.

Miramos nuestro número,
la pantalla,
nuestro número...
Y la espera se hace eterna
hasta que por fin llega nuestra vez.
Intentamos explicar nuestra situación
de manera sucinta.
Nuestra vida
reducida a un pequeño recuadro,
una equis por toda experiencia.
Nuestra capacidad juzgada
desde un pedestal de barro,
nuestro "nivel",
según nuestra apariencia.

Sonrío como una hiena en celo.
Mientras la burra de turno,
mira el esmalte de sus uñas
y con gesto displicente
sella mis papeles.

DÍA DE REYES

Un arcoíris explota sobre los tejados.
Ángeles ilusionados
revolotean entre caramelos
y sueñan impacientes
con abrir sus regalos.
Un Baltasar pintado de negro
reparte golosinas entre un hervidero de gente,
mientras en mi barrio,
un coche policial corta el tráfico
y las bocinas interrumpen el silencio.

Un joven africano detenido en plena calle.
Su pecado:
vender bolsos y gafas,
para paliar el hambre de su familia,
que cada mes espera la ofrenda de sus remesas
para poder llevarse a la boca,
un simple trozo de pan caliente.

CAPITALISMO ROSA

La ciudad se colma de colores.
De los edificios brotan arcoíris.
Adonis de diversos países,
exhiben con orgullo
sus bronceados cuerpos.

En el barrio de Chueca
las calles se abarrotan de torsos desnudos.
Cubiertos de sudor,
jóvenes —y no tan jóvenes— flirtean
al compás de una música estruendosa.
Algunos empresarios
denuncian al extranjero que vende cervezas a un euro.
El deseo y los precios habituales
escalan por los aires en desigual competencia.

Sin embargo,
no todo es jarana.
En Plaza Tirso de Molina,
los desamparados hacen fila.
Cabizbajos y en silencio esperan
para saciar el hambre,
mientras a dos pasos
—desde las terrazas—
las risas inundan el ambiente.

Vuelvo al silencio de mi hogar
con un pájaro que da bandazos en mi pecho.
La bandera multicolor se destiñe en mi retina.

No es lo mismo ser bollera o marica
cuando las estrellas son tu único techo.
Cuando tu orgullo es no llorar de frío
ni de hambre entre cartones,
en las pasarelas de la miseria.

NAVIDAD, DULCE NAVIDAD

Las calles atestadas de gente
con paquetes y el ceño fruncido.
Villancicos en los almacenes
incitando al consumismo.
Los sintecho con la mirada extraviada,
esperando una moneda que no llega.
Algunos inmigrantes en el locutorio
secan sus lágrimas mientras ríen,
para no preocupar
a sus seres queridos.

Es tiempo de nostalgias,
de aguantar el vacío,
de tragarse el orgullo,
espantar la ira
y recogerse.

“PRIMERO LOS DE CASA”

Quieren despojarnos de todo.
Nos quieren enfrentados,
que nos odiemos,
que la envidia nos corroa,
que nos pisoteemos los unos a los otros,
que compitamos
como perros hambrientos.

Cuando ellos
—los poderosos—
nos lancen el último hueso.

SOM GENT DE PAU

(1 de octubre, Lleida)

A Elvira Siurana

Som gent de pau,
només volem votar.
Palabras como un mantra,
que retumban en mi mente
y se cobijan entre mis sábanas.

Som gent de pau,
només volem votar.
Botas y cascos
fuerzan su entrada,
a golpe de coraza y de desprecio.

Som gent de pau,
només volem votar.
Mujeres ruedan por el suelo,
pisoteadas sin misericordia,
por una jauría rabiosa
enceguecida por el odio.

Som gent de pau,
només volem votar.
Manos en alto y cabezas erguidas,
defienden su derecho a soñar.
Llueven los golpes como rayos de acero,
mancillando de rojo la palabra paz.

Som gent de pau,
només volem votar.

Ante la fuerza bruta,
los corazones se unen en un solo latir.
El dolor se da la mano sin miedo,
mientras en los cuarteles y despachos
preparan su próximo asalto.

Som gent de pau,
només volem votar.
Los gorilas se dan golpes de pecho
y se baten en retirada con sus presas.
En la calle la gente respira profundo,
yo oculto el temblor de mis manos
y camuflo una lágrima detrás de mis gafas.

Pasan los días,
el odio aflora desde lugares insospechados.
Cuando cae la noche,
en mi cabeza se repite
la letanía de la dignidad.
Som gent de pau,
només volem votar.
Som gent de pau,
només volem votar…

Era gente de paz
que solo quería votar.

EXILIO

A Catalunya deixí
el dia de ma partida
mitja vida condormida:
l'altra meitat vingué amb mi
per no deixar-me sens vida.
PERE QUART

Qué fácil es frivolizar con la palabra exilio
cuando jamás has tenido que abandonar tu hogar,
tu familia, la tierra que te vio nacer.

Despojarte de todo y dejar atrás tus afectos
y todos esos recuerdos que conforman tus señas de identidad.
No saber cuándo volverás a pisar esas calles
que llevas grabadas en el alma.

Coger unas cuantas cosas,
dejar atrás las fotos de tu infancia,
la sonrisa de tus hijos,
el cariño de los tuyos.
Besar la frente de tus padres.
Cerrar la puerta, sin mirar atrás.

Qué fácil es reírse de la palabra exilio,
cuando jamás has dado más de dos pasos
que te alejaran de tu pequeño huerto.

PARAFRASEANDO A MARTIN NIEMÖLLER

Primero vinieron a por las urnas
pero no me importó porque no eran mis urnas.
Luego fueron a por los top manta
pero me dio igual, al fin de cuentas eran tan solo negros.
Después prohibieron y arrancaron lazos amarillos,
pero me importó un comino,
lo importante era la unidad de España.
Y entonces fueron a por los raperos
pero hice oídos sordos
jamás me había gustado el rap.

Cuando vinieron a por mí,
ya no quedaba nadie
que hablara en mi nombre.

III. AÚN TE RECUERDO, AMANDA

¿Te acuerdas de cuando el horror se apoderó de nosotros,
y el silencio tenía un sonido de botas miserables?
Escuchábamos a Charlie Parker,
recitábamos de memoria a la Mistral
y nos reíamos de nuestros necios congéneres.
La vida que pasa segura sabe que sobrevivimos,
por eso nos sentamos a ver brillar el cielo
y toda su orquesta de vidrios.

MALÚ URRIOLA

A VÍCTOR JARA

Creyeron que al romperte los dedos acallarían tu canto,
que el miedo vencería sobre el recuerdo,
que borrarían tu rastro a golpe de culata,
que las piedras de un río innombrable
encubrirían la sangre de tus versos.

Pero lo que sus malvados
e insignificantes cerebros jamás supieron,
fue que tu canto, compañero,
florecería para vivir eternamente
en la garganta y en las guitarras del pueblo.

Cuarenta y cuatro disparos a bocajarro.
Cuarenta y cuatro palomas que emprendieron el vuelo.
Cuarenta y cuatro estrellas
—que a pesar de las mordazas—
aún palpitan en el universo.

A 40 AÑOS DEL GOLPE

Cómo relegar al pasado
el dolor de los que se quedaron
masticando rabia en silencio.
El vértigo, la levedad de equipaje de los que partieron.
El peso de la nostalgia de quienes jamás pudieron retornar.
El vacío de los miles que se esfumaron sin dejar rastro.

Cómo enmudecer el estruendo de los tanques,
el silbido de las balas, los alaridos de terror,
los llantos de angustia que truncaron mi infancia.

Cómo superar la sensación de desamparo,
el miedo cotidiano que se agudizaba
cuando la noche llegaba con sus ráfagas de disparos.

Cómo borrar de mi memoria
la impotencia e ira velada de mi padre,
el desgarro y lágrimas de mi madre.

Cómo anular las imágenes de aceras ensangrentadas,
de libros que ardían en hogueras,
de hombres uniformados que corrían tras sus hermanos
para abatirlos y luego abandonarlos
en cualquier cuneta.

Cómo cerrar esta herida
que de vez en cuando se abre
y sangra bajo un cielo sin estrellas.
Cómo cerrar ese capítulo,
que cuarenta años más tarde
aún sigue golpeándome con fuerza.

Esta otredad que se mofa desde el espejo.
Esta ausencia de patria
—que a pesar de ser mía—
ya me es tan ajena.

A LA JUVENTUD CHILENA, OCTUBRE 2019

Jamás corrí delante de los pacos* ni de los milicos*
pero a los once años descubrí su bestialidad,
su mirada gélida al encañonar a quienes no se rendían.
Jamás les lancé piedras ni proferí insulto alguno
aunque mi mirada acusaba la rabia y el desconcierto.
Jamás me enfrenté a un tanque, aunque conviví con ellos,
apostados en las esquinas de mi calle
para sembrar el terror e intimidar al pueblo.
Jamás recorrí las alamedas junto a una juventud encapuchada
que se rebelaba sin temor para reclamar justicia.

Me despojaron de mis raíces.
Me robaron la esperanza.
Me hurtaron parte de mi historia.
Y hoy miro atónita desde lejos
aquellas calles que pisé tantas veces,
ardiendo en llamas y gases lacrimógenos,
y una juventud valiente que no se rinde
porque de haberles quitado tanto,
les arrebataron hasta el miedo.

* Nombre dado a los carabineros, policía chilena.
* Militares.

EN EL CHILE DE HOY

En el Chile de hoy,
las llamas encubren las balas de cuerpos calcinados.
En el Chile de hoy,
las mujeres mimo ahorcan su sonrisa
tras manifestarse con alegría por sus derechos.
Perdigones mutilan y arrancan ojos
para instaurar la ceguera de un pueblo que despertó.
En el Chile de hoy,
mujeres y hombres vuelven a desaparecer
de sus hogares,
líderes estudiantiles de sus escuelas.

En el Chile de hoy,
miles de corazones laten al unísono,
desafiando la represión con cánticos y danzas.
Las alamedas se convierten en campos de batalla
y los gases lacrimógenos enturbian el aire,
mientras la juventud se enfrenta
con piedras a sus monstruos de agua tóxica.

En el Chile de hoy,
torturan y violan a mujeres
mientras el mundo y esa Europa desdentada calla,
y los buitres se frotan las manos
esperando ansiosos su recompensa.

En el Chile de hoy,
se ha derrotado al miedo.

El hartazgo se ha convertido en rabia,
la rabia en lucha,
y a pesar del dolor
en el horizonte,
arde orgullosa,
la llama de la esperanza.

LEALTAD PERRUNA

Soy el quiltro que corre delante de los pacos*
sin miedo a los chorros de agua
y sus crueles perdigones.
Soy el perro callejero
que mueve alegre la cola
entre estudiantes y batucadas.

Soy el chucho que te lame las heridas
y apoya su cabeza en tu regazo
cuando siente tu desesperanza.
Soy el perro alerta ante la tormenta,
tu lazarillo en las tinieblas.

Soy tu manta tejida de pulgas,
que entre cartones vela tus sueños
cuando el banco te ha robado la vivienda.
Soy el quiltro que come tus sobras
y cuando caes borracho,
pacientemente te espera.

Soy la bestia que no tiene nombre,
que ha recorrido caminos polvorientos
detrás de tu estela.
Soy el único
que acompañará fielmente tu tumba,
cuando te conviertas en ausencia.

* Policía chilena.

NOSTALGIAS

Como el mutilado de guerra
que arrastra la pierna que le queda.

El caracol que se desplaza
con su equipaje a cuestas.

El inmigrante que tira de su maleta
cargada de recuerdos
y sueños sin fronteras.

Así arrastro mi pena
y la nostalgia
de mis raíces desahuciadas.

VOLVER

Volver a caminar por esas calles
de mi infancia.
El olor familiar de mi ciudad.
Sonreírle a los rostros conocidos
las penurias y alegrías compartidas,
el reconocimiento de siempre
el guiño del ojo cómplice
el sentir que pertenezco.
Oír la canción de un lenguaje compartido,
el diálogo sin necesidad de palabras.
Compartir un presente pleno de recuerdos.
SER alguien, un nombre, un rostro querido.

Volver, volver a esa vida abandonada
dejar atrás esta ciudad nueva,
estas calles que no son ni serán mías.
La gente va y viene,
mi sonrisa a veces se pierde en la ignorancia.
¿Quién soy yo aquí?
Sin padre ni madre, sin mis montañas.
Mis anhelos y recuerdos han quedado ocultos
en mi valija de la infancia.

Huérfana de mi patria camino por otras alamedas,
en vano busco un rostro familiar,
sólo la nada me reconoce, la nada me tienta.
Las cartas se pierden en la distancia,
la gente cambia y muere en su vida cotidiana.

Yo sigo viva, pero ¿por qué me pesa mi alma clara?
¿Por qué el recuerdo no me libera
y me permite encontrar el mañana?
¿Por qué aún no puedo cortar ese cordón
y aceptar a esta madre adoptada?

SEPTIEMBRE

Avanza como potro desbocado septiembre.
Mes de alas cautivas en el pecho,
de recuerdos de ventanas y puertas cerradas
tras el aullido luminoso de las balas.
Mes de sueños truncados y exilios obligados,
de primaveras robadas en otro hemisferio.

Mes de aeropuertos fríos, de fronteras y prisas,
de fantasmas desterrados y ángeles caídos,
de palabras amordazadas que aún claman
desde la profundidad de los mares,
desde la inmensidad del desierto.

Avanza septiembre, cabalgando como un rayo.
Acosado por una jauría de interrogantes
que se arremolinan y me ladran al oído:
que el olvido jamás borre sus nombres,
que la distancia jamás apague su fuego.

RÍO MAPOCHO*
(Santiago de Chile)

Una paloma agita sus alas dentro de mi pecho
mientras me asomo a las aguas turbias de este río en pleno centro,
desenmarañando telarañas en mi cerebro.

Ecos del pasado nublan mi vista.
El intenso tráfico acalla los gritos sofocados,
el sol desparece los fantasmas de antaño.

El miedo de mi infancia,
la incomprensión ante la barbarie,
la desazón de la despedida.

Mis lágrimas se mezclan con el agua turbia
que un día arrastró ensangrentados cuerpos.
Arrojados bajo una luna traicionera
por uniformados desalmados.

Respiro hondo en un intento por olvidar
y escucho la voz de una mujer chilena
que a mi lado comenta:
"El río no habla, pero tiene mucho que contar..."

¿Cuántas historias inacabadas?
¿Cuántos hombres y mujeres que dieron su vida por un sueño?
¿Cuántas almas mutiladas entre los que se quedaron
y los que partieron?

* Mapocho en mapudungún significa agua que penetra la tierra.

Nuestras miradas cómplices se unen en silencio.
No hacen falta palabras para expresar nuestra solidaridad.
Y nos alejamos en direcciones opuestas
unidas por el mismo recuerdo.

Esperando el día
en que por fin se haga justicia.
Y que todas y todos podamos
reanudar nuestras vidas en paz.

BRACEA MIENTRAS PUEDAS

A Malú Urriola

No es la soledad con alas,
es el silencio de la prisionera
ALEJANDRA PIZARNIK

Este dolor que habita en ese lugar preciso,
donde algunos afirman
anida nuestra alma.
Este vacío ingrávido
que cada madrugada pesa sobre mis hombros.
Que cada amanecer me escudriña
desde el fondo opaco del espejo,
me viste de nostalgia, se calza mis zapatos
y habita mi ropaje de innombrables espectros.

Este rumor de alondras
que sacuden sus plumas huérfanas en mi pecho.
Este silencio de rodillas maltrechas y añoranza.

Este buitre voraz que impaciente
me observa desde su altiva atalaya.
Esta nada que abarca la orfandad de mi piel,
de sonrisas sin labios, de prohibidos abrazos.

Este incendio sin llamas, este vergel sin agua.
Este aullido de espanto que intenta
descifrar el presagio de las horas
de esta primavera sin alas.

IV. CALLADITA, NO ME VEO MÁS BONITA

No hay silencio posible. No pueden hacerme muda.
Mis versos resuenan con la fiereza de esta insolente
mujer, lesbiana, otra
que se declara insumisa, desobediente.
Que se reconoce en desacato permanente ante la injusticia.

PATRICIA KARINA VERGARA SÁNCHEZ

ESTALLIDO

Perdonadme, por mi incapacidad de cerrar
los ojos y mis puños ante la atrocidad.
Si no me regocijo ni invoco a la mentira,
cuando el mundo solloza y la hipocresía asfixia.

Perdonad si mis versos están cargados de ira,
cuando leo impotente que han violado a otra hermana,
cuando veo cadáveres de mujeres y niñas
y un páramo plagado de cruces anónimas.

Cuando niñas hambrientas venden su cuerpo
en calles devastadas tras viles bombardeos.
Cuando escucho los gritos de auxilio de madrugada
y la cifra de asesinadas y huérfanos aumenta.

No me puedo callar ante tantos atropellos.
Al ver restos de carne colgando de una valla,
decenas de cuerpos engullidos por el mar
tras perder la batalla para entrar en Europa.

Cuando arrojan familias completas a la calle,
cuando amordazan al pueblo con balas de goma,
mientras los usureros amasan sus fortunas
y abren cuentas en Suiza al amparo del gobierno.
Y no basta el poema ni el aullido en la nada,
ni el grito que se vuelve rugido en nuestras gargantas.

Y a veces entran ganas de hacer añicos los cristales,
derribar a patadas las puertas,
volar por los aires las cloacas.
No dudar —por un segundo—
y encender la mecha.

DIPLOCRESÍA

Con los años una aprende
a hablar sin arrojar piedras,
mentir sin lanzar puñales,
guardar ases en la manga.

Con el tiempo asimilamos
el arte de abrir la boca,
para colmar el silencio
de falsedades de esmoquin.

Con la madurez aprendemos
a enmascarar las palabras,
disfrazar la rabia ciega
y reír sin sentir náuseas.

Si en boca cerrada no
entran moscas,
—es evidente—
aún no he aprendido nada.

Entre mis dientes
crujen trozos de alas.

DECLARACIÓN DE INTENCIONES

Ya pueden clavar
todas las agujas de los relojes
en mi cuerpo.
Arder las hojas del calendario
en mi cabello.
Fulminar los días
en mi sexo.
Desaparecer las agendas,
las citas,
los mensajes,
las fotografías,
los versos.
Pisotear con pies de plomo
las caricias,
las ofrendas,
la pérdida inescrutable del tiempo.

La intención persiste:
seguiré aquí,
haciendo oídos sordos a las vendettas
—en el más profundo silencio—.

JUEVES SANTO

En este jueves santo
un perro ladra en la distancia.
Los pecadores expían
la resaca de sus mentiras.
Un cura juega a crucificar
al joven monaguillo.
Las beatas se dan golpes de pecho
con sus dedos enjoyados,
ignorando al pobre, que a sus pies, pide limosna.

Los corruptos indultan a ladrones comunes,
con la esperanza de que cuando les llegue su turno,
también disfruten de la benevolencia de sus gobernantes.
Y las banderas ondean a media asta
en todos los cuarteles por la muerte de Cristo,
olvidándose de los miles de cadáveres
de sus sangrientas guerras.

Ante tanta beatería
me niego a levantarme de la cama.
Me entrego sin culpa alguna
y recorro tu piel con mi boca,
desde tus pequeños pies
hasta el único milagro posible.

La redención de tu sexo húmedo
en comunión con mi piel,
en un acto de total devoción
e irreverencia.

VIERNES SANTO

Padre, confieso que he pecado.
He deseado la carne un viernes santo.
Me he dejado crucificar,
con los brazos extendidos
y atados a cada lado de mi lecho.

He dejado que la pasión ardiera
entre mis muslos.
Me he dejado azotar con cariño
y untar con miel mis senos.

Una procesión de labios
ha recorrido mi espalda,
un rosario de saliva
ha penetrado en mi sexo.

Me postro a tus pies,
preparada para aceptar la penitencia,
o que me castigues enviándome al limbo
del gozo desenfrenado,
del infierno de la eterna perdición.

Padre, perdóname,
confieso que he pecado.

REVANCHA

Esta noche tengo ganas de follar,
con un macho rudo y de pelo en pecho.
Follar sin miramientos, sin cordura,
sin complicidad, sin dulzura,
sin sentimientos.

Un polvo salvaje, glacial, violento.
Que borre de una vez por todas,
la suavidad y ternura de tus labios
en mi nuca,
el mentiroso eco de tus "te quiero"
en mi cuello.

Un polvo que haga explotar en mil pedazos,
el recuerdo de cuando te lamía entregada,
perdida entre la tersura de tus muslos,
con mis manos ancladas,
a tus dulces pechos…

EGOS POÉTICOS

Caminan a diez centímetros del suelo
por eso suelen mirar desde las alturas.
Narcisos en olimpos de barro,
se pavonean por los escenarios
alardeando de sus reseñas en las cenas.

Mentan nombres "ilustres"
—y a veces—
llevan consigo una corte
de aduladores ciegos.

No leen ni escuchan
salvo sus propias creaciones,
o las de quien les convenga
y con grandes esfuerzos.

Posan para las fotos
con aire meditabundo,
la mano debajo del mentón
y el ala del sombrero ladeada.

Suelen dar consejos del tipo:
"si quieres escribir, lee mucho",
dando por hecho que sus interlocutores
son unos "analfabetos".

En las recepciones y en los traslados
eligen muy bien su sitio,
no vaya a ser que les toque sentarse
al lado de una persona "corriente".

Cuando la madrugada ya pesa en las pupilas,
agotados de interpretar su papel
de bohemios e irreverentes,
se retiran a sus hoteles para alzar una última copa
que espante el miedo a la soledad y a la muerte.

INVISIBILIDAD

Sobrevivo entre fantasmas.
Algunos acechan en silencio,
otros van dejando gemidos
mientras se cuelan por las rendijas de la inquina.
Sueltan parrafadas y luego desaparecen,
dejando una vana estela de humo.
Algunos poseen una corte
que jalea su verbo siniestro,
otros son lobos solitarios
aunque se ocultan en la manada.

Los hay que no saben lo que quieren
y buscan amor por los rincones.
Por un mísero aplauso
no dudan en clavar el cuchillo
en la espalda de quien
—en algún momento—
llamaron hermana o hermano.

Vivo entre fantasmas que entran y salen
sin ser vistos,
pero por las noches,
cuando el silencio lo inunda todo,
escucho sus maleficios
y el sordo sonido de sus cadenas.

Sobrevivo entre fantasmas,
cuyo aliento a veces me roza.
Los siento desplazarse,
abrir las puertas,
pero cuando miro
solo el vacío me enseña su putrefacta lengua.

Vivo entre fantasmas,
o tal vez me equivoque
Y soy yo
la que ya no camina erecta
entre los vivos.

CUANDO BAJA EL TELÓN

Cuando bajas del escenario,
y los focos ya no iluminan tus pasos,
hay que caminar esquivando obstáculos.
Si caes en la oscuridad,
no busques brazos que te aúpen.

Nuevos figurantes
ahora se deleitan con el eco de sus voces.
Detrás de las bambalinas
te has vuelto invisible entre el *attrezzo*.

Emites sonidos
pero las espaldas no tienen oídos.
Has pasado de moda como un bolso,
un hit del verano que ya nadie recuerda.

Debe ser que las teorías
y guiones caducan,
según la mano que los alimenta.

ORBIANTIPATÍA

Estoy tan cansada
de dar pasos en falso,
de perderme en simples laberintos,
de sentirme analfabeta
cuando pregunto los nombres de las calles,
y algunos transeúntes me tratan con recelo.
Estoy tan cansada
de ocultar mi mirada,
de tropezar cada tantos pasos,
de no poder calibrar las distancias,
de aguantar que algunos lo juzguen
como mera torpeza.
Estoy tan cansada
de tener que tragarme como un fármaco
la palabra paciencia.
Día tras día,
mes tras mes,
año tras año,
de esperar el milagro que nunca llega.
Estoy tan cansada,
que tal vez debería rendirme,
aprender a querer a este monstruo
o entregarme para siempre
a las tinieblas.

CONFINAMIENTO

Como reina sin corona
repto por alfombras y paredes.
Recorro el pasillo en la madrugada
como pantera en su jaula.
En la penumbra, cuento los latidos fatigados del reloj.
Me extravío en una esquina del techo
cual araña diminuta que hila nostalgias
en la luz ciega del silencio.

Los días se desplazan como nubes
sin más equipaje que sus cuerpos impalpables,
ante la mirada impávida de los tejados
y el desconcierto de las aves.
La calle desierta aguarda
el rito crepuscular de los balcones.
Los vítores de gratitud que vuelan de mano en mano.
Caras desconocidas confortan desde la distancia
con gestos mudos hechos sonrisas.

Puertas adentro nos aferramos a la vida
inventando melodías sin fronteras,
escribiendo versos desnudos ante el miedo,
limpiando la lluvia de los cristales,
desempolvando retratos en sepia,
ordenando el caos de las prisas de antaño.
Pequeñas artimañas para sortear
nuestra orfandad de abrazos.

Muere otro día a la luz de una llama
que arde sosegada como el tiempo,
que pronuncia sin labios el nombre de los ausentes.
Desde los tejados anegados de sombras
se eleva una plegaria de luz al universo.
Es tiempo de soltar las caretas,
de arder los velos,
de encontrarnos más allá del espejo.
Y de rogar —para que por fin—
descansen los cementerios.

¡A LA MIERDA!

A la mierda
las amistades falsas
las virtuales
la reales.

A la mierda
la solidaridad de escenario
la de los aplausos
la invisible en las calles.

A la mierda
los de derecha
y los de izquierdas
que meriendan en palacio.

A la mierda
las primaveras radioactivas
los veranos asfixiantes
los otoños desesperantes.

A la mierda
la poesía hueca
los poetas engreídos
las editoriales comerciantes.

A la mierda la mentira
la paciencia
el futuro incierto
las noches agobiantes.

A la mierda todo lo que me rodea
lo de ahora
lo de antes.
¡A la mierda!

ÍNDICE

MUJER INCÓMODA

I. EL DOLOR DEL MUNDO

II. ME DUELE ESPAÑA

III. AÚN TE RECUERDO, AMANDA

IV. CALLADITA, NO ME VEO MÁS BONITA

Esta obra
se acabó de imprimir
con los auspicios de
Charo Fierro y
Antonio J. Huerga, editores

FINIS CORONAT OPUS